Bisher erschienen:

Band 1: Das kleine Einhorn und der verzauberte Garten
Band 2: Das kleine Einhorn und das Zauberschloss
Band 3: Das kleine Einhorn in der Höhle des Drachen
Band 4: Das kleine Einhorn im Land der Riesen
Band 5: Das kleine Einhorn und der Nixenzauber

Maja von Vogel

Das kleine Einhorn und der Nixenzauber

Illustriert von Dorothea Ackroyd

www.leseloewen.de

ISBN 978-3-7855-7794-3
2. Auflage 2016
© Loewe Verlag GmbH, Bindlach 2014
Umschlagillustration: Dorothea Ackroyd
Reihenlogo: nach einem Entwurf
von Angelika Stubner
Printed in Italy

www.loewe-verlag.de

Inhalt

Herzlichen Glückwunsch, Sara! . . 8

Gefährlicher Gesang 20

Hokuspokus, aufgewacht! 28

Herzlichen Glückwunsch, Sara!

Das kleine 🦄 Elias ist aufgeregt. Mit wehender 🦄 galoppiert es durch den verzauberten 🌳. Hinter ihm flattert 🧚 Miri. „Schneller!", wiehert Elias. Sara, die Tochter des 🧙, wird heute sechs.

Sie will im  hinter dem verzauberten  feiern.

Das  und alle  sind eingeladen. Auch die weise , der  und der große .

Aber vorher gibt es noch viel zu tun. „Da seid ihr ja!", ruft Sara, als Elias und Miri um die  biegen. „Helft ihr mir, den  zu schmücken?"

Die kleine  nickt. „Klar!" Sie

fliegt sofort los und hängt

und  in den  auf. Sara

deckt den  und Elias verteilt

rosafarbene  zwischen

den .

Der  tritt aus dem .

„Hier kommt die !" Er schwenkt seinen . Eine riesige  erscheint auf dem . Sie ist mit  und bunten  verziert.

„Lecker!", ruft  Miri begeistert.

„Ich liebe !" Saras Bruder

Simon stellt frische  auf

den . Außerdem süße ,

knusprige  und ganz viel .

„Es kann losgehen!", ruft Sara. Die anderen ⚝ schwirren herbei.

Jede gibt Sara eine wunderschöne bunte ❀. Der 🧙 überreicht ihr eine schillernde ☁.

„Wenn du sie ans 👂 hältst, hörst

du das 🌊 rauschen", erklärt er.

Zuletzt kommt die weise 🐢.

Ganz langsam krabbelt sie auf

Sara zu. Im 🫒 trägt sie ein

vierblättriges 🍀.

„Damit du immer glücklich bist",

sagt die 🐢. Sara lächelt.

„Danke!" Dann klatscht sie in

die 👏. „Jetzt gibt es 🎂!"

Alle setzen sich an den 🪑

und Simon gießt ☕ ein.

Der 🐉 futtert ein 🍰 nach dem anderen. Auch Elias lässt es sich schmecken. Er mag am liebsten die süßen 🍒.

Plötzlich spitzt er die  .

Im  zwischen den

plätschert es. Was ist denn das?

Ein  mit langen goldenen

und ein grüner  tauchen auf.

Eine 🧜! Und sie macht ein böses 👧. „Verflucht sollt ihr sein!", ruft sie. Das kleine 🦄 schnaubt ängstlich. Was die  🧜 wohl vorhat?

Gefährlicher Gesang

„Verschwinde aus meinem 🌳!", ruft der 🧙. Doch die 🧜‍♀️ lacht nur höhnisch. „Warum bist du so wütend?", fragt Sara. „Weil du mich nicht eingeladen hast! Alle aus dem verzauberten 🌲 dürfen mitfeiern, nur ich nicht."

Die  lässt ihren grünen   aufs  klatschen. Dann murmelt sie etwas. Es ziehen   auf,  zucken und es beginnt zu regnen.

„Schnell!", ruft Elias. „Ins !"

Alle springen auf und rennen los.

Der  strömt wie aus

vom . Elias ist froh, als er

im  ist. „Wir feiern trotzdem

weiter", beschließt Sara.

Simon holt  aus der .

Elias will sich gerade eine schnappen, als seltsame  aus dem  erklingen. Die  singt!

Elias' wird ganz schwer und er ist auf einmal schrecklich müde.

„Haltet euch die 👂 zu!", ruft Miri.

„Sonst schlaft ihr ein und wacht nie wieder auf!" Schnell stopft sie dem kleinen 🦄 zwei 🍒 in die 👂.

Vorsichtshalber kneift Elias auch

die 👁 fest zu. Es funktioniert!

Das kleine 🦄 hört nichts mehr.

Bis Miri die 🍒 wieder

herausholt. „Es ist vorbei", sagt sie.

„Die 🧜 singt nicht mehr."

Elias blickt sich um. Sara liegt mit geschlossenen 👁 👁 mitten im 🏛 .

Auch alle anderen schlafen. Miri seufzt. „Sie waren nicht schnell genug. Das ganze 🏰 schläft."

Elias stampft mit dem 🐴 auf.

„Verflixte 🧜‍♀️!", schimpft er. „Wir müssen die anderen retten!" Die kleine 🧚 Miri nickt. „Aber wie?"

Hokuspokus, aufgewacht!

Elias schnaubt Sara ins 🧒 und leckt ihr mit der 👅 über die 🧒.

Aber Sara regt sich nicht. Miri kitzelt sie unter den 👟👟. Nichts.

„Was machen wir jetzt?", fragt die kleine 🧚. Elias überlegt. „Der 🧙 wüsste bestimmt etwas."

Aber der  ist eingeschlafen. Er liegt unter dem  und schnarcht so laut, dass die  wackeln. Ob er, Sara und die anderen nie wieder aufwachen? Elias schüttelt den . Das darf nicht sein!

Da fällt dem kleinen 🦄 etwas ein. „Das 📗! Vielleicht hilft uns das weiter." Miri flattert sofort los.

Das 📗 liegt auf dem 🪑 im großen 🏛. Es ist sehr alt und sehr dick. Als Miri das 📗 öffnen will, schnappt es nach ihr. „Na, so was!", ruft sie. „Das 📗 ist bissig!"

Das  trällert: „Sag mir, was

der  am liebsten hat. Dann

öffne ich mich  für ."

Elias überlegt. Was hat der

am liebsten?

„Er liebt 🎂", versucht es die 🧚.

Nichts geschieht. „Dann ",

sagt Miri. „Oder sein ." Aber

das 📗 kichert nur. „Sara und

Simon!", ruft Elias.

Da öffnet sich das . Miri seufzt erleichtert. Sie blättert das langsam durch.

„Stopp!", ruft Elias. Ganz hinten steht etwas. Aber ob es auch funktioniert?

Elias holt tief 💨 und sagt:

„Hokuspokus, aufgewacht, wer jetzt noch schläft, wird ausgelacht!"

Plötzlich flattern Saras 🕊.

Auch die anderen werden munter.

„Juchhu!", jubelt die kleine .

Sara lächelt Miri und Elias an.

„Danke! Ihr habt uns gerettet. Das muss gefeiert werden!" Der 🌧️ hat sich verzogen. Alle gehen in den 🌳 . „Ob die 🧜 noch da ist?", überlegt Elias.

Er trabt zum . Tatsächlich!

Die  plätschert im 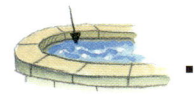.

„Ihr seid aufgewacht?", fragt sie

verdutzt. „Wie habt ihr das

geschafft?" Elias schnaubt fröhlich.

„Das wird nicht verraten!"

Sara geht auf die  zu. „Möchtest du mitfeiern?" Die  zögert. Dann nickt sie. „Gern!" Sie strahlt über das ganze  und sieht überhaupt nicht mehr böse aus.

Als später die 🌅 untergeht, zünden die 🧚 die 🏮 in den 🌳 an. Der 🧙 zaubert gegrillte 🌭 herbei und alle tanzen, bis der 🌙 hoch am ☁️ steht.

Die Wörter zu den Bildern:

 Einhorn

 Wassermann

 Mähne

 Drache

 Wald

 Ecke

 Elfe

 Girlanden

 Zauberer

 Lampions

 Garten

 Bäume

 Schloss

 Tisch

 Schildkröte

 Blütenblätter

 Teller
 Blume

 Torte
 Muschel

 Zauberstab
 Ohr

 Sahne
 Meer

 Streusel
 Maul

 Kirschen
 Kleeblatt

 Lutscher
 Hände

 Schokoladen-kekse
 Tortenstück

 Kakao
 Brunnen

 Kopf
 Eimer

 Haare
 Himmel

 Schwanz
 Küche

 Nixe
 Töne

 Gesicht
 Herz

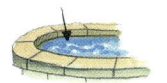 Wasser
 Augen

 Wolken
 Saal

 Blitze
 Huf

 Regen
 Zunge

 Wange  Luft

 Füße  Wimpern

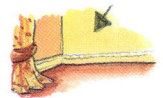 Wände  Sonne

 Zauberbuch  Würstchen

 Blatt  Mond

Maja von Vogel wurde 1973 geboren und wuchs im Emsland auf. Sie studierte Deutsch und Französisch, lebte ein Jahr in Paris und arbeitete mehrere Jahre als Lektorin in einem Kinderbuchverlag, bevor sie sich als Autorin und Übersetzerin selbstständig machte. Heute lebt Maja von Vogel in Norddeutschland.

Dorothea Ackroyd wurde 1960 in Herford geboren. Sie studierte Visuelle Kommunikation und Grafikdesign und arbeitet heute freiberuflich als Illustratorin, seit der Geburt ihrer Tochter hauptsächlich für Kinder- und Jugendbuchverlage.

Bildermaus

ISBN 978-3-7855-7584-0

ISBN 978-3-7855-7285-6

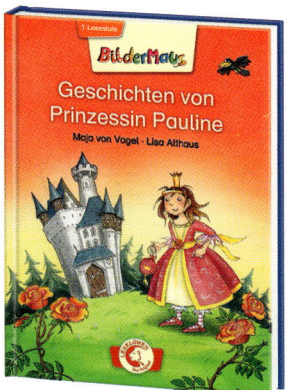

ISBN 978-3-7855-7912-1

ISBN 978-3-7855-7772-1

ISBN 978-3-7855-7585-7

ISBN 978-3-7855-6511-7

In der Reihe *Bildermaus* erzählen spannende Geschichten von den Abenteuern einer liebenswerten Figur, von einem tollen Schauplatz oder von den schönsten Festen des Jahres. Im Text werden alle Hauptwörter durch kleine Bilder ersetzt, die schon Kinder ab 5 Jahren beim gemeinsamen (Vor-)Lesen erkennen und benennen können. Mit der *Bildermaus* wird das Lesenlernen zu einem echten Vergnügen!